맨날손자

맨날손자

인 쇄 | 2022년 10월 13일
발 행 | 2022년 10월 17일
지은이 | 정석준
펴낸이 | 최철훈
펴낸곳 | 도서출판 문장21
　　　　　48423 부산시 남구 진남로198번길 9-1 현대아파트 103동 1001호
　　　　　T. 010-7746-6661 E. mun21-1@hanmail.net
편집·디자인 | 디자인 앤 T.051)852-0786 E.trendup@hanmail.net
© 2022. 정석준   ISBN 979-11-89708-60-3 03810
정 가 / 10,000원

맨날손자

도서출판 **문장21**

시인의 말

  아들을 장가보내면서 사실 손자에 대한 기대는 그냥 그렇겠거니 했다. 너희들이 알아서 키우고 내가 손자를 돌봐줄 것이라는 생각은 추호도 없었다. 그런데 어느 날 아들이 손자를 데리고 밀양으로 왔다. 하루 이틀 손자를 돌보다 보니 점점 손자가 좋아지는 것이었다. 처음으로 우유를 타서 먹여도 보고 기저귀도 갈아보고 아이와 장난을 치며 놀기를 시작했다.
  손자가 온다는 날에는 밀양역으로 마중을 가서 손자는 받아오고 며느리는 부산으로 되돌아가는 그런 시간이 한동안 반복되었는데 손자는 이제 기어 다니기도 하고 일어나 앉기도 하다가 발걸음을 한 발짝 두 발짝 옮겨놓을 때는 엄청 흥분하기도 했었다.
  손자 덕분에 시골 생활이지만 바빠지기 시작했다. 열차를 타고 오가다가 승용차를 타고 금요일 데려오고 일요일 데려다주는 반복적인 시스템으로 주된 생활은 손자에게 더 많은 시간과 정신이 집중이 되었고 그 때마다 손자가 주는 시적인 영감에 따라 메모를 해두거나 즉석에서 작품으로 이어지기도 했다.

　이번 작품집은 재훈이가 하는 말이거나 재훈이의 말을 듣고 할머니가 전하는 말들을 주섬주섬 주워서 책으로 엮어진 것들이다. 때문에 어떠한 문학적 양식도 배제하고 그냥 쓰고 싶은 대로 썼다. 손자로 인해 웃을 일도 많았고 손자 때문에 아들이 부모 집에 오고 며느리가 시어머니한테 전화를 하고 같이 여행을 가는 것도 손자 덕분이 아니겠는가 한다. 또 시적영감도 주고 얼마나 귀중한 존재 인가? 손자가

차례 **맨날 손자**

제1부

010	요 이쁜놈
011	그놈 참
012	첫 돌 플래카드
013	편지
014	비눗방울
015	할아버지 일과
016	의사놀이
017	가을들판
018	장난감 정리
019	닮았네
020	엄마한테는 전화하지 마
021	100센티미터
022	미안합니다
023	짧은뱀
024	비밀
025	할머닌 그것도 몰라
026	숫자 공부
027	쥐눈이콩
028	재훈이 생각
029	할아버지 착각
030	형님반
031	심부름
032	천 번쯤 할머니
033	올바른 어린이
034	층간소음
035	바램
036	자장가
037	안아줘
038	J향기
039	다섯 살 3일전
040	재훈이 이름
041	사랑해

제2부

- 043 유모차를 밀며
- 044 겨울 그림
- 045 곤란한 답변
- 046 자는 모습도 귀여워
- 047 수국을 보고
- 048 보물이 있다면
- 049 재훈이는 천재
- 050 과잣값
- 051 할머니 품
- 052 경기(驚氣)
- 053 뭔가를 찾다가
- 054 이제는 할아버지
- 055 짜박이 된장
- 056 추석날
- 057 재훈이 증조할머니
- 058 할아버지 나이
- 059 엄마 새를 기다리며
- 060 봄맛
- 061 그 할매 그리워
- 062 택배
- 063 후각 상실
- 064 저 멀리서도
- 065 할머니만 통화
- 066 여우별 농장
- 067 고맙다.
- 068 목욕
- 069 돌멩이
- 070 안테나 손가락
- 071 메모리 경고
- 072 왜 불러
- 073 알려주지 마
- 074 움직여봐

차례 맨날 손자

제3부

- 076 초승달
- 077 엄마 품에
- 078 천사 할아버지
- 079 나아질거야
- 080 35년을 되돌리다
- 081 희미한미래
- 082 적막강산
- 083 나이 없음
- 084 손자
- 085 할배코와 재훈이코
- 086 선물
- 087 맨발마중
- 088 똥 안 싸
- 089 아무일 없는게 행복
- 090 손자 전화
- 091 살금살금
- 092 가을이 깊어지면
- 093 재훈이만 보여
- 094 할아버지의 독도
- 095 할아버지 주름
- 096 110살까지 살아야
- 097 첫 팬티
- 098 낙엽을 태우면서
- 099 푹신한 소파가 되다
- 100 할배 색깔
- 101 누룽지 맛
- 102 엄마는 경찰
- 103 아무튼 재훈이 애기
- 104 표정
- 105 마음의 눈

해설

- 108 詩가 출산율을 높이는 계기가 되길 바라며

제1부

요 이쁜 놈

어디서
요래 이쁜 놈이
니는 어디서 왔노
마치 꿈을 꾸듯
하루에도 몇 번씩
요래 이쁜 놈이 있노
혼자 중얼중얼
재훈이 눈을 보며
묻기도 하고
얼굴을 부비며 묻기도 한다.

그놈 참

나 이제
할머니 안 좋아해
할아버지도 안 좋아해
엄마 아빠도 안 좋아해
그럼 누가 좋아
예쁜 우리 공주님
우리 공주님이 누구야
박시연이지
시연이도 재훈이 좋아해
당연히 좋아하지.
그놈 참.

첫 돌 플래카드

동래정씨 31세손
경찰복 입은 재훈이 사진 넣고
아빠 정영모
엄마 이지현
밀양시 단장면 법흥리 35-27
마당 넓은 붉은 기와집
강릉 외할머니
울산 고모할머니
당감동 작은할아버지 할머니
대구 고모할머니 할아버지
밀양 이모할머니
대학병원 정유진 5촌아지매
할머니 재훈이 안고
할아버지 니콘 D300 셀프셋팅
훗날 엄청난 역사가 될 것이여

편지

재훈이가
어린이집 단체로
우체국에 가서 편지를 부쳤는데
그 편지를 집에서 받으니
기분이 얼마나 좋았는지
할머니에게 큰 소리로 자랑
재훈아 그게 행복이란다
다음에 할아버지에게도
편지를 부쳐다오

비눗방울

재훈이가
비눗방울을 쫓아
온몸으로 달린다.
무지갯빛 방울 방울이
바람 따라 피어나고
할아버지 저 방울 좀 잡아줘
땀에 젖은 재훈이의 얼굴
할아버지도 잡고 싶다만
잡히질 않는 비눗방울

할아버지 일과

오전 9시
재원이 등원했나
누가 등원 시켰는고
오후 4시
재원이 하원 했나
누가 하원 시켰는고
오늘 놀이는 뭐 했는고

의사 놀이

재훈이는
어린이 의사
가족 중 누가 아프다고 하면
적극적으로 진료를 한다.
장난감 청진기로 여기저기 눌러보고
체온을 재며 밴드를 붙여주고
약통을 들고나와 약을 주고
아픈 곳을 호호 불어주고
그 모습이 어찌나 진지한지
정말 아픈 곳이 낫는 듯 하다
재훈이에게 치료를 받으려고
꾀병을 부리기도 한다.

가을 들판

재훈아!
가을 들판에
사람은 보이지 않는데
백로 한 마리가 들판을 가로질러
훨훨 날아가고 있네
이번 주말에는
엄마 아빠 손잡고
할아버지 집에 올 거지

장난감 정리

재훈이가
놀다 가고 나면
수많은 장난감을
정리해야 하지만,
재훈이의 훈기가 남아
즐거운 일이기도 하다.
아이들은 올 때마다 똑똑해져 있고
다른 모습으로 다가온다.

닮았네

재훈이는
약간의 짱구
엄마를 닮았고
약간의 들창코
아빠를 닮았고
약간의 주걱턱
아빠를 닮았고
약간의 평발은
엄마를 닮았다네
참 재밌게 생긴 아이

엄마한테는 전화하지 마

재훈이는
잠이 오거나 배가 고프면
투정을 부리기 시작한다.
장난감을 던지거나
할아버지도 얼씬 못하게 한다.
이럴 때는 평소의 재훈이가 아니다.
눈물을 흘리면서 저항을 하면서도
엄마한테는 전화를 못 하게 한다.

100센티미터

재훈이의 키를 쟀다.
할머니 집에서는 101센티
엄마 집에서는 100센티
할머니 하루 사이에
1센티가 자랐어
매일 1센티씩 자라면
재훈이는 엄청 커지겠네

미안합니다

재훈이는
할머니 사랑하고
할아버지 사랑하고
할머니는 재훈이 사랑하고
할아버지도 재훈이 사랑하고
손자 없는 조부모님들 미안합니다.
조부모님 안 계신 손자들 미안합니다.

짧은 뱀

재훈이가 물었다
할머니는 1살 때 뭘 했어
기억이 잘 안 나
2살 때는 뭘 했어
그것도 기억이 잘 안 나
할머니는 학교에 다니면서
운동장의 지렁이가 무서워서
할머니의 할머니에게 업혀서 학교를 갔어
재훈이는 시골에서 지렁이도 만졌지
응 미끌미끌하고 꿈틀거렸어
할머니는 그게 짧은 뱀 인줄 알았어

비밀

재훈이와
할머니의 비밀
화장실 말이 부끄러워
똥, 오줌 누고 싶을 때
귓속말로 "놀러 가자"
이 말은 할머니만 아는 비밀
할머니 손잡고
화장실 가는 이쁜 놈

할머닌 그것도 몰라

재훈이는
웬만한 자동차는
글을 아는 것처럼 알고 있다.
엄마 차 K3
아빠 차 MINI
할아버지 차 카렌스
옛날에 엄마 차 아반테
옛날에 아빠 차 스파크
"저 차는 포르쉐"
"할머닌 그것도 몰라"

숫자 공부

재훈이가
계산기를 들고
재훈이 나이 더하기
아빠 나이 더하기
엄마 나이 더하기
할아버지 나이 더하기
할머니 나이 더하기
엄청 많네, 모두 216이야
다시 재훈이 나이 빼기
아빠 나이 빼기
엄마 나이 빼기
할머니 나이 빼기
할아버지 나이 빼기
"할머니 다시 0이야"

쥐눈이콩

재훈이는
콩 놀이를 참 좋아한다.
흙이 없는 도시에서
콩은 흙이 되고 모래가 되었다.
그 콩을 모래처럼 쌓았다가
허물어버리면 사방으로
달아나는 쥐눈이들
콩으로 길게 줄을 세우며,
5개 10개 더하기
2개 3개 빼기도 하고
콩만 있으면 몇 시간을
놀이하고 공부하는 아이

재훈이 생각

할아버지는 옛날 경찰
엄마 아빠는 지금 경찰
나는 커서 경찰 될거야
할머니만 경찰 아니네.

할아버지 착각

재훈이는
밀양을 다닌 적 있다.
재훈이를 안고
주차한 곳을 찾으면
카렌스 3363 할배차라며,
손자라 그런지 기특하고
천재가 아닌가 생각이다.
좀 더 발전 아빠 차 미니7119
엄마 차 K3-7784

형님 반

재훈이는
새해부터 형님 반으로 진급
머리를 쿵 찍어도 울지 않고
아프지 않느냐? 형아라서 괜찮다.
기저귀도 벗고 화장실에서 쉬
마치 완장을 찬 듯 늠름한 모습
어린이집 3년 차는 그럴 만도 하다.
재훈이 엄마는 햇님반으로 알고
어린이집에 전화를 하는 실수
형님반을 무시하는 재훈이 엄마

심부름

재훈아!
할아버지가 심부름을 시킨다.
신문하고 안경 좀 갖다줘
재훈이는 뛰다시피 빠른 걸음으로
신문과 안경을 가져왔다.
아이구 우리 재훈이
강아지보다 낫네.

천 번쯤 할머니

재훈이가
할머니 놀자
할머니 어쩌고 저쩌고
할머니, 할머니, 할머니
몇 초 간격으로 할머니
하루에 천 번쯤 할머니

올바른 어린이

재훈이는
어린이집 3년 차
이젠 말도 잘한다
마트 에스컬레이트에서는
할아버지 걸어가면 안 되잖아
운전할 때도 정지선을
딱 안 지킨다고 할아버지를
나무라는 재훈이

층간소음

재훈이가
할머니 집 10층에서
층간소음 "쿵 쿵 쿵"
아랫집에서 야단 날 거야.
10층은 9층에 미안합니다.
9층은 8층에 미안합니다.
8층은 7층에 미안합니다.
알건 다 아는 재훈이

바램

재훈이가
엄마 아빠와 사는
바다 보이는 23층
22층에는 할아버지 할머니
24층에는 외할머니
25층에는 큰이모와 혜림이 이모
그렇게 살았으면 좋겠다.
할아버지도 같은 생각이야.

자장가

재훈이
잠자는 시간은 저녁 9시
요즘은 좀처럼 자지 않는다
지쳐서 쓰러질 때까지 놀다가
갑자기 잠이 들기도 하는데
광안리 바다가 자장가를 부르면
금방 잠이 들어 꿈나라로 간다.
재훈이 아빠는 단지 내 학교가 있는
대연동으로 이사를 계획 중인데
재훈이 자장가는 누가 불러줄 건가.

안아줘

재훈이는
걷기를 싫어한다.
그래서 할머니한테
업어줘
엄마 아빠는
할머니 힘들다고
그러지 못하게 한다.
그렇지만 할머니는
귀여운 손자를
어찌 안 업어주고
안아 주지 않겠는가?
할머니가 힘들면
할아버지가 안아줄 게
재훈이가 행복하면
할아버지는 몇 배로
더 행복하단다.

J향기

재훈이는
나 찾아봐 놀이를 좋아 한다.
대부분 숨는 역할의 재훈이
옷장에 많이 숨으며
오랫동안 찾으러 안 오면
"여기"소리를 지른다.
할머니가 가까이 오면
옷장 안에는 긴장감이 흐르고
별처럼 눈을 반짝이며
할아버지 품으로 파고든다.
이 때 재훈이 한테서
품어나오는 야릇한 향기
나는 이 향기를 J향기라 부른다.

다섯 살 3일 전

재훈아
3일 지나면 다섯 살인데
기저귀 벗고 팬티 입어야지
난 다섯 살 안 될거야
할아버지도 3일 후에
칠십이 안 되고 싶지만
어쩔 수가 없단다
자 팬티 입어야겠지

재훈이 이름

정재훈
정재훈
할아버지는 재훈이 이름을
몇 번쯤 부를까
그건 알 수가 없지만
재훈이를 부르는 할아버지
입으로도 부르지만
마음으로는 얼마나 부를까?
훗날 재훈이를 그렇게
많이 불렀다는 사실이
이 시집에 적혀있단다

사랑해

재훈아!
할아버지는 일생을 통해
한 번도 "사랑해"를 해본 적이 없어
그런데 재훈이에게는
아침에도 사랑해
저녁에도 사랑해
재훈이를 진짜 사랑하나 봐

제2부

유모차를 밀며

밤에는 서리가 내리지만
낮에는 맑고 따뜻한 햇살
유모차에 재훈이를 앉히고
추수 끝난 시골길을 나서면
아무 소리 없는 삼매경
가끔 유모차 앞으로 가서
재훈이와 얘길 하다가
다시 또 산책에 나선다.
재훈아 재훈아 정재훈
유모차를 밀며 이름을 부른다.
가다가 섰다가 섰다가 가다가
붉은 기와 우리 집이 보이고
재훈아, 이제 다왔다.
가슴으로 껴안으면
따듯하고 편안한 기운을
재훈이가 주고 있다.

겨울 그림

마당의 잔디가
파릇파릇해지면
재훈이는 손을 놓아도
혼자 걸을 것이다.
"재훈아" 하고 부르면
쫓아와서 안길 것이다.
그네를 만들어 줄까
자전거를 사 줄까
할아버지는 따뜻한 그림을
이 겨울에 그리고 있단다

곤란한 답변

재훈이는
할머니가 좋아
할아버지가 좋아
한참 동안 답이 없다.
할머니와 결혼한다고 했는데
할머니라고 말해야 하는데
머뭇거리는 이유가 있다.
할아버지가 헬로카봇을 사줘서
곤란한 답변을 안 하리라
다섯 살 재훈이는 그걸 알고 있다.

자는 모습도 귀여워

재훈이
잠버릇은
반듯하게 자질 않는다.
왼쪽으로 비스듬하거나
엉덩이를 들고 자거나
일어나 잠시 앉았다가
다시 자기도 하고
쪽쪽이를 입에 물고
자는 모습이 어찌나 귀여운지
재훈이가 없어도
그 방을 지나면
보고 싶어진다.

수국을 보고

재훈이가
수국을 보고
뒷걸음을 한다.
어떤 꽃은 하얗고
어떤 꽃은 새파랗고
왜 이리 많이 피었는지
꽃들이 무섭게 보이는가 봐
재훈이에게는 수국보다
엄마 꽃이 이쁘고
아빠 꽃이 아름다울 거야

보물이 있다면

나의 보물과
저녁 여섯 시가 되면
보물이 잠들기 전에
영상통화를 한다.
보물 안녕
때로는 모른 척하지만,
손을 흔들어주는 재훈이
볼수록 소중한 보물이다.

재훈이는 천재

어느 날 음악이 흐르는
행사장을 지나는데
춤추듯 고개를 흔드는 재훈이
이때부터 혼자 서기도 하고
벽을 잡고 걷기도 하고
재훈이 "안녕"하면
손을 흔들기도 한다.
나날이 발전하는 속도가
천재라는 생각이 든다.
착각이라도 좋다.
밥 잘 먹고 잠 잘 자고
쑥쑥 잘 자라는 천재

과잣값

재훈이가
출생 후부터
비슷한 아이를 보면
몇 개월인지 물어본다.
아이들이 이쁘게만 보이고
길을 가다 다른 손자를 보면
만 원 한 장이라도 주게 되고
내가 손자를 데리고 가다가
우연히 만났던 지인이
아이에게 돈 한 푼 안 줄 때는
쪼잔하게만 느껴졌다.
누구의 손자를 만나더라도
꼭 과잣 값을 주라고 권하고 싶다.

할머니 품

재훈이는
아침에 일어나면
제일 먼저 할머니를 찾는다.
잠에서 깨어
한쪽 눈이 붙어있거나
머리에 새집을 지어 찌푸린 표정
방문을 열고 할머니에게 쫒아가는
그 모습이 너무 사랑스럽다
할머니에게 한참 동안
안겨 있어야만
다음 행동으로 이어진다.
돈으로도 살 수 없는 것
이런 느낌을 받는 것만으로도
아주 큰 행복이다.

경기(驚氣)

재훈아 윙크!
한쪽 눈으로는 안 되고
두 눈 윙크가 너무 귀여워
틈만 나면 재훈아, 윙크!
그러다 어느 날 재훈이가
감기로 인한 열이 올라
소아병원에 입원을 했다.
온 가족이 병원에 매달리고
조그만 손에 꽂힌 링거는
할아버지 마음을 아프게 했다.
그 와중에 재훈아 윙크!
재훈이는 윙크를 하지 않았고
고개를 옆으로 제쳤다.
아이고 큰일이다 싶었다.
의사 친구에게 전화하고
약간의 위안을 받았지만
불안감은 가시지 않았다.
뜬눈으로 밤을 지새우고
다음 날 재훈이는 윙크를 했다.
백 년을 감수

뭔가를 찾다가

재훈아
할아버지가
책상 서랍을 뒤지면서
뭔가를 찾고 있었는데
그게 뭔가 했더니
재훈이 얘기를 찾으려
뒤적뒤적 한 거였어

이제는 할아버지

재훈이가 할아버지라고
부르기 시작하면서
영모 아빠에서
할아버지로 불려졌다.
영모 엄마도 당연히
할머니로 불려졌고
더욱 깊은 세월의 강물에
노를 저어 갔다.

짜박이 된장

재훈이가
매일 오다가
오지 않던 날
공허함을 메우려고
짜박이 된장에다
호박잎, 깻잎 쌈을 싸서
입안 가득 오물오물

추석날

재훈이 증조할아버지 할머니
그 무덤 앞에서 자리 펴고 앉아
재훈이를 안고 사진을 찍으며
아들 좋아하던 우리 어무이
당신 아들이 아들을 낳고
그 손자가 또 아들을 낳아
동래정씨 31세손 정재훈
인사 올립니다. 하늘나라에서도
잘 자라게 살펴 주이소.

재훈이 증조할머니

하지 열흘 지날 때
애호박 돌돌 볶고

보라빗 가지나물
쪼물락 손맛으로

어무이
밥상 올리고
그 옆에 증손자 앉았다면

할아버지 나이

재훈이는
70이라는 숫자만 보면
"할아버지 나이"라고 한다.
숫자 공부를 하다 알게 된
익숙한 이 숫자가
반가움의 표시겠지만
그 무게는 무겁기만 하네

엄마 새를 기다리며

재훈아
오늘은 할아버지가
백로 사진을 찍으러 갔단다.
둥지에는 백로 새끼들이
엄마를 기다리고 있었는데
몇 시간을 기다려도
엄마 새는 오지를 않았단다
오다가 날개라도 다친 걸까
이제 걱정이 앞서는구나
재훈이도 엄마의 귀가가 늦으면
걱정이 많이 되지?

봄맛

산불 한참 번지는데
밀양 들판에는
겨울을 밀어내고
봄의 첨병 냉이가
별처럼 피어나고 있다.
소문도 없이 언제 피었는지
요놈을 하나하나 캐내어서
손자에게 먹여 봐야겠다.
그래야 봄맛을 알지

그 할매 그리워

비 오는 시골 학교 운동장
지렁이가 지렁 지렁
그 지렁이 무서워
할머니는 학교 가기를 거부
오전 내 실랑이 하다가
할매 등에 업혀 등교
그 할매 그리워지는 초여름
재훈이 아빠가 업어주지 말라 해도
나를 업어주던 그 할매 생각에
재훈이를 더욱더 업어주고 싶다.

택배

재훈이는
할아버지 시골에
이동식 집이 오기를
매일매일 기다린다.
다락이 있는 그 집에서
밤에는 별을 헤아리고
강가에서 고기도 잡고
시골 놀이를 하고 싶은데
"할아버지 집 왔어요?"
"지금 오는 중이야."
또 오는 중이라는 핑계다.

후각 상실

코로나를 앓은 후
냄새를 못 맡았다.
된장찌개 냄새도
생선 굽는 냄새도
유달리 냄새에 민감하여
조리만 하면 창문을 열고
아내와 다툼을 했는데
한편으로는 편하기도 했다.
그러나 안타까운 것은
재훈이 냄새를 모른다는 것

저 멀리서도

재훈이가
저 멀리서도
"할아버지" 하며
뛰어오고 있다.
걸음도 겨우 걷는 녀석이
뛰어오고 있다.
할아버지는
"재훈아" 하며
두 팔을 활짝 벌리고
이보다 반가울 수 없다.
이보다 큰 행복은 없다.
저 멀리서 할아버지를
어떻게 알아볼까?

할머니만 통화

재훈이와
할머니의 영상통화
밥은 먹었느냐
무엇을 먹었느냐
이런저런 말들을
주고받았는데
할아버지 안부를
묻겠거니 했는데
통화는 끝나버렸다.
장난감 사줄 때만
할아버지 사랑해?
오기만 해봐라.

여우별 농장

재훈이가
햇빛에 오는 비는 여우비야
갑자기 오는 비는 소나기야
재훈이는 아는 것도 많네
여우별도 알겠네
할아버지 시골 농장이잖아
어린이집에서 배운 거야
아니야 나만 알아
우연히 아는 것일까?

고맙다.

재훈아
할아버지 할머니가
아침에 눈을 떠서
잠잘 때까지 하는 얘기들은
대부분이 재훈이 얘기란다
재훈이가 없었다면
무슨 얘기를 하며 지낼까?

목욕

재훈이와
처음으로 하는 목욕
재훈이는 물놀이를 했고
할아버지는 재훈이의
조그만 등을 씻어줬다.
아들과 간 적 없는 목욕탕
그게 늘 마음에 걸렸는데
손자와 목욕하는 것으로
위안을 삼기로 했다

돌멩이

재훈이가
처음으로 만져보는
시골마당의 돌멩이
손톱 크기 돌멩이를
만지고 또 만지더니
주웠다가 던져보고
몇 개는 주머니에 담아
장난감 통에다 숨기고
귀한 금덩이처럼
할아버지 할머니에게 선물
재훈이는 돌멩이 하나로
행복 보따리를 푸는 구나!

안테나 손가락

재훈이는
두 번째 손가락으로
무엇이든 조심스레 대본다.
이게 무언가 찔러 보고
예쁜 꽃잎이 흔들려도
감짝 놀라 물러서고
일단 두 번째 손가락으로
세상을 쓰다듬어보는 것

메모리 경고

메모리가 가득 찼다는 경고
갤러리를 정리해야겠는데
재훈이 사진들로 가득
어느 것 하나 지울 수가 없어
다음으로 미루고 폰을 닫지만
다시 뜨는 메모리 경고를
언제까지 미룰지는 미지수
주말에 아들이 오면
새방으로 옮겨달라 해야겠다.

왜 불러

재훈아
정재훈
재훈이 지금 부르지 마소
재훈이 지금
똥 싸고 있다.
응 그래
이상하게 조용하더라

알려주지 마

재훈이는
할아버지 할머니가
알려주는 걸 싫어한다.
내가 알고 있는데
왜 알려주는 거야
묻는 말에만 답을 해야 한다.
어린이집 3년 차
아는 게 많은 탓인가?

움직여봐

재훈이가
할머니 등 뒤에 붙어서서
할머니 좀 움직여 봐
할머니가 움직이거나 일어서면
어부바가 되는데
어부바는 안된다는
엄마 아빠의 말을 거부할 수 없어
할머니 등 뒤에 붙어서서
좀 움직여 보라는
재훈이의 신의 한 수

제3부

초승달

재훈이가
엄마 차를 타고
광안리 해변을 지나는데
"달님이 자꾸
나를 따라와요"
"나한테 안기고 싶은가봐"
"우리 집까지 따라오면
내가 안아 줘야지"

엄마 품에

쿵 쿵쿵
주저앉았다가
다시 일어서서
또다시 쿵 쿵쿵
하나둘 셋 넷
다섯 여섯 일곱 여덟 아홉 열
걸음, 걸음, 걸음마로
드디어 엄마 품에
넘어질 듯 넘어질 듯
그래도 안 넘어지는
재훈이의 그 걸음마
얼마나 경이로운 걸음인가

천사 할아버지

재훈이에게
누가 제일
무서운지 물어보면
아빠라고 대답한다.
그 다음이 엄마
할아버지는 안 무서워?
할아버지는 화를 안 내잖아
할아버지를 잘 모르네!

나아질 거야

첫돌 잔칫날
수수떡 백설기 미역국
나름대로 분주했다.
온종일 손님 응대하고
잔치는 늦게까지 이어졌다.
다음날 보건소를 찾았는데
몸살, 감기다
걱정이 앞섰다.
주말에 재훈이가 올 건데
그때까지는 나아야 할 건데
나아질 거야
나을 것이야

35년을 되돌리다

재훈이가
할배 앞에서 포즈.
35년 전 지 아빠의 포즈다.
엄마 무릎 정도의 키에
엄마 손 꼭 붙들고
할아버지 사진 찍어 줘요.
그 때 그 모습으로
내 앞에 서 있다.

희미한 미래

재훈이
출생 사십사 개월
십 오 년 후쯤에는
대학을 갈 것이다.
내가 그때까지
살는지는 미지수.
재훈이는 구구단을 외우고
한글로 문자를 보낸다.
외부 활동보다는
공부놀이가 적성에 맞는 듯
숫자 더하기 빼기
달력에 할머니 집 오는 날 계산
재훈이가 남다른 아이로 자라나니
언제까지 이 모습을 볼 건지
희미한 미래를 펼쳐보는 것

적막강산

손자가 오면
집에 금방 온기가 돌고
왁자지껄 사람 사는 것 같은데
그러다 가고 나면
금방 적막강산이다.

나이 없음

사회적으로
고령층이라 불려진다.
내 나이에 대해
섭섭한 표현이다.
자식 다 키웠고
직장도 은퇴하였고
제2의 인생이니
새로운 출발이니
아름다운 말 잔치에
그러려니 했는데
너무나 생물학적인 표현
아무튼 불편한 심경이다.

손자

아무도 오지 않는 내 방에
그나마 찾아오는 손님은 손자뿐
심심찮게 찾아와서 안경도 만져보고
할아버지 사랑해 뽀뽀도 해주고
말타기하자 가위, 바위, 보, 하자
친구가 되어주는 손자가 너무 귀엽고
고맙기도 하다. 잠깐 사이에 할아버지라니
참

할배코와 재훈이 코

할배코는 조금 이색적
그래서인지 재훈이는
할배코를 당기거나
민감한 손가락으로
누르기도 하고
긁기도 한다.
영상통화 할 때도
할배 코 잡으려다
휴대폰이 꺼지기도 한다.
할배 코는 넓찍하고
재훈 이 코는 연뿌리 코
할배 코 재훈이 코는
조금 특별한 코들이다.

선물

재훈이는
할머니 집에 왔다가
엄마 집에 갈 때는
재훈이 뽀뽀하면
현관에서 뽀뽀를 해줬는데
요즘은 뽀뽀를 해주지 않는다.
그만큼 컸다는 얘기다
장난감의 선호도도
자동차에서 로봇으로 바뀌고
새로운 선물을 하면
안아주고 사랑해 한다.
뽀뽀를 받고 싶으면
헬로카봇을 미리 사놓고
그때마다 선물을 한다.

맨발 마중

재훈이가
초인종을 딩동 울리면
나는 맨발로 뛰어나간다.
할아버지가 손자를 마중하러
뛰어나가는 게 무슨 조건이 필요하랴?

똥 안 싸

재훈이가
할머니에게
"재훈아 너 똥 안 싸?"
물어봐" 한다.
"재훈아 너 똥 안 싸?"
"쌀 거야"
"할아버지 할머니 아기방으로 가"
거실 소파 옆이 재훈이 똥 자리다.
재훈이는
자기 집 23층 아파트
할머니 집 10층 아파트 외에는
똥을 눈 적이 한 번도 없다.
똥 누는 모습을 아무에게도 보이지 않는
재훈이 스타일이 재밌기도 하고 걱정도 된다.

아무 일 없는 게 행복

재훈아!
엄마 아빠 열심히 일하고
광안바다 보이는 집있고
재훈이 잘 자라고
평온한 날 이어지는데
할아버지가 몸이 좀 아프네
이 일상을 깨어서는 안 되는데

손자 전화

초등 동창 술친구가
술 먹다 전화 받는
내 표정을 보고
자네 표정이
함박꽃 인걸보니
손자 전화 왔구나!

살금살금

재훈이가
새를 잡으러
살금살금 다가가고 있다.
새들도 다가오는 만큼
통통걸음으로 멀어지고
벤치에 앉은 할아버지는
손자가 넘어질까 걱정

가을이 깊어지면

단풍이 어제 오늘 다르다
재훈이 첫돌을 지내고
한 두 걸음 걸음마도
나날이 늘어나고 있다.
어제는 열다섯 발짝
숨 막히는 순간들이다.
뒤뚱뒤뚱 느린 걸음이지만
좀 있으면 그 걸음마로
밀양까지 달려 올 거야.

재훈이만 보여

재훈이
돌날 입을 옷을 사러
유명 매장을 찾았다.
어렵게 찾은 유아복 점
신발이며 모자며
너무 예쁜 유아복들
모두 사고 싶었지만,
그 감정을 억제하고
겨우 한 벌을 선택했다.

할아버지의 독도

재훈이가
미미미 미미미
미미미미 도시라
독도는 우리 땅을
계명으로 부르며,
춤까지 추는 독도노래
손자 덕분으로
더욱 가까워진
할아버지의 독도

할아버지 주름

재훈이가
두 눈을 반짝이며
할아버지 주름을 세고 있다.
조그만 손가락으로
하나, 둘, 셋, 넷, 아홉, 열
할아버지는 주름이
왜 이리 많아?
시간이 그렇게 만들었단다.

110살까지 살아야

재훈이가
밥을 먹으며
할머니! 엄마가 나를
스무살까지만 키워 준대
걱정마 할머니가
서른 살까지 키워 줄게.
오십 살까지 키워 주면 안 돼?
그 땐 할머니가 110살인데
그때까지 살아야겠네.

첫 팬티

재훈이가 드디어
변기에 쉬를 했다고
재훈이 엄마가 톱뉴스를 전했다.
첫 팬티 입은 멋쩍은 모습이다.
할아버지 할머니도 환호를 했다.
다시 기저귀를 입지 않을는지
기다리는 수밖에 없을 것 같다.

낙엽을 태우면서

재훈아!
낙엽 태우기가 좋다고 했지
아빠도 냄새가 좋다고
옛날 집 마당에서 낙엽을 태웠 단다.
할아버지도 시골에 가면
낙엽을 태우면서
아빠의 일기장에 적힌 글이며,
할아버지가 감동적으로 읽었던
"낙엽을 태우면서"가 생각 난 단다.
재훈이도 좋아하고
아빠도 좋아하고
할아버지도 좋아하고
3대가 낙엽을 좋아하는 가족이네

푹신한 소파가 되다

재훈이가
할아버지 배 위에 걸터앉아
과자를 먹으면서
"띠띠뽀"를 보고 있다.

할아버지의 푹신한 배를
편안한 소파로 생각하나 보다.

숨쉬기가 약간 불편했지만
그래도 좋기만 하다.

할배 색깔

재훈이가 TV를 보다가
할배색깔이라며 소릴 질렀다.
무슨 색이 할배색인가 했더니
회색이나 우중충한 색이었다.
나의 아들이 아들을 낳아
나를 조금씩 지우는 느낌

누룽지 맛

재훈이 할머니가
어젯밤 손자와 통화를 했는데
할아버지를 바꿔달라 했지만
늦은 시간이라
재훈이도 자야지 했더니
전화를 끊더라는 얘기
별 내용도 아니었지만
손자 얘기가 올려진 아침은
고소한 누룽지 맛이다.

엄마는 경찰

재훈이는
길거리의 경찰차를
모두 엄마 차라 하고
손에 든 장난감도 경찰차

엄마 어디 있어 물으면
순찰차를 타고 있어.

엄마가 밤 근무로
집에 오지 않아도
우리를 지키는 경찰이라며

아빠가
읽어주는 동화를 자장가로 들으며
엄마 없어도 잠이 든다네

아무튼 재훈이 얘기

할머니는
틈만 나면 재훈이 얘기
밥을 먹을 때도
재훈이가 했던 말을
흉내까지 내가며
감탄사를 연발한다.
차를 타고 갈 때도
재훈이 얘기뿐
나는 듣기만 하지만
기분은 좋아진다.
코로나로 우울한 때에
무엇이 나를
흐뭇하게 하겠는가?

표정

재훈이는
이쁜 꽃이다.
향기 진한 꽃이다.
뛰는 모습은 움직이는 꽃이다.
웃는 모습은 활짝 핀 꽃이다.
현관에서 신발을 벗으며
"할아버지 나 왔어."
재훈이 왔나,
영원히 지지 않는 꽃이다.
재훈이의 표정이
파도처럼 출렁인다.

마음의 눈

재훈아!
할아버지가
맨날손자 원고 때문에
안경이 더 많아졌단다.
방마다 안경
거실에도 안경
식탁에도 안경
할머니 안경까지
몇 개인지도 모르겠다.
눈이 더 나빠지면
푸른 숲 재훈이를
마음의 눈으로 봐야겠다.

해설

詩가 출산율을 높이는 계기가 되길 바라며

해설 **최 철 훈** (시인, 문장21대표)

 아버지의 위치에서 아들을 바라볼 때와 할아버지가 손자를 바라보는 데는 큰 차이가 있음을 필자는 경험을 통해서 주장 할 수 있다. 아버지 때는 일단 가족을 먹여 살리는 일에 많은 비중을 둬야 하고 조직과 자기 개발에도 게을리할 수 없기 때문에 아무래도 할아버지만큼 아이의 존재를 눈여겨보지 못한다는 생각이다. 사실 아이는 엄청난 보물중의 보물이다. 아니 그 위의 무한대의 가치일 것이다. 육아가 힘이 든다지만 모든 일이 그러하듯 힘든 일이 있으면 그만큼 좋은일도 있기 마련이다. 아이를 돌보면서 아들에게는 미안한 생각이 든다는 말을 필자가 들은 바 있다. 당연한 것이다 위에서 언급한 바와 같이 젊으니까 철이 없기도 하고 바쁘기도 했기 때문이다.

 우리나라는 세계에서 출산율 최하위라는 어두운 통계를 나타내고 있다. 국가는 이를 해결하기 위해 많은 예산을 들여 노력을 기울였지만, 결과는 그다지 나아지고 있지 않다. 아마 그 정책이 약간의 문제가 있는 것으로 짐작이 된다. 책상에 앉아서 하는 정책은 실효성이 떨어질 수밖에 없고 21세기 우리나라 현실을 살펴보면 아이를 키울 수 없거나 어려운 환경에 놓여있다. 아이를 키우는 일은 어마어마한 일이 되어버렸다. 우선 주거문화에서 예전에는 이웃이 있었지만 지금은 이웃이 없다 대부분이 아파트이고 앞집 옆집 이웃도 얼굴도 이름도 모르고 지내고 있다. 아파트라는 게 그럴 수밖에 없는 구조이다. 이웃이 아이를 보려고 놀러 와서 안아도 주고 업어도 주고 밥도 먹여주고 아이들은 서로 놀아주고 자연스럽게 육아가 이루어 졌던 것이다. 이 틈에 엄마는 다른 일을 하거나 잠시만이라도 육아에서 벗어나게 되는 것이다.

그런데 지금은 어떠한가? 부부 대부분이 맞벌이를 하고 있다. 정책적으로 육아를 위해 1시간 늦게출근 1시간 조기퇴근을 실시하여 배려를 하고 있지만 턱없는 정책으로 아쉬움만 주고 있다. 육아는 24시간 보살핌이 필요한 강도 높은 노동이다. 잠을 자면서도 아이를 보살펴야 한다. 공무원의 경우 당직도 해야 하고 출장도 가야 하고 교육도 가야 하는데 이 때는 어떻게 해야 할까? 시트를 부르거나 조부모의 도움이 절실하게 요구될 수밖에 없다. 그것도 작은 일이 아니다. 조부모가 건강해야 하고 가까운 거리에 살아야 하고 그러한 조건을 갖추는

게 매우 어려운 일이라 짐작된다.

 현실적으로 어쩌다 아이가 생겨 출산을 했더라도 축복이라고 할 수도 있고 그 반대일 수도 있다. 둘째 아이는 기대할 수가 없는 현실이다.. 그렇기 때문에 인구는 이미 하향곡선을 그리고 있고 가까운 미래에는 어마어마한 일들이 벌어질 것이라는 예견이 되고 있다.

 그러나 이 시집 "맨날 손자"에서는 손자를 돌보는 즐거움이 시적으로 잘 나타나고 있다. 오히려 손자를 통해 노년의 적적함을 멀리 날려 보내고 손자를 기다리는 형상으로 예전의 이웃이 없어 다소 아쉽기도 하지만 할아버지도 좋고 손자도 좋고 아들도 좋은 관계를 보여주므로 그 어려운 육아 문제가 이 시집을 통하여 해소되는 계기가 되리라 믿어진다.

 시집 〈맨날 손자〉는 정 시인의 손자 정재훈을 대상으로 써내려간 시들이 대부분이다. 더불어 아이를 돌보는 문제를 시적으로 풀어가므로 손자를 돌봐야 하는 문제를 지혜롭게 해결하고 동시에 손자는 할아버지에게 노년의 행복감을 안겨주고 있다. 시는 언제나 시인의 진실과 만날 때 그 감동의 진폭은 커지게 된다. 이처럼 정석준 시인의 다양한 손자 사랑 표정들을 만나 보기로 하자.

어디서
요래 이쁜 놈이
니는 어디서 왔노
마치 꿈을 꾸듯
하루에도 몇 번씩
요래 이쁜 놈이 있노
혼자 중얼중얼
재훈이 눈을 보며
묻기도 하고
얼굴을 부비며 묻기도 한다.

— 〈요 이쁜 놈〉 전문

  온종일 바라보고만 있어도 그리 예쁠 수밖에 없는 손자 그것이 바로 할머니 할아버지의 눈에 비친 천사 같은 손자의 모습이다. 〈마치 꿈을 꾸듯/ 하루에도 몇 번씩/ 요래 이쁜 놈이 있노/ 혼자 중얼중얼〉 이보다도 더 깊은 사랑의 언어가 어디에 있겠는가?

재훈이는
길거리 경찰차를
모두 엄마 차라 한다.
손에 든 장난감도 경찰차

엄마 어디 있어 물으면

순찰차를 타고 있어

엄마가 밤 근무로
집에 오지 못해도
우리를 지키는 경찰이라며

엄마가 없어도
장난감을 손에 꼬옥 쥐고
잠이 든다네

－〈엄마는 경찰〉 전문

  재훈이 엄마 아빠는 부부경찰이다. 재훈이도 자연스럽게 경찰을 사랑하게 되고 길거리의 경찰차를 만나면 모두 엄마차라고 느껴졌을 것이다. 더구나 재훈이가 경찰이나 소방차를 좋아하게 되는게 엄마 아빠가 경찰관이다 보니 더욱 경찰에 관심을 보이는게 당연하리라 생각된다. 여기서 엄마가 밤 근무로 집에 못오면 아빠와 잠을 자거나 할머니와 잠을 자야 하는 재훈이의 아픔을 잘 아는 할아버지 정 시인은 장난감 경찰차로 대체하고 있지만 그 이상으로 손자를 보살피고 사랑하리라는 직감을 주고 있다.

－ 모든 아이는 詩人

  아이들은 잠을 잘 때도 밥을 먹을 때도 웃을 때도 할

아버지나 할머니를 부를 때도 시적으로 부른다. 다만 이를 우리들은 알지 못할 뿐이다. 심지어 걸음을 걷거나 뛰어올 때도 똥을 쌀 때도 시적이라고 할 수 있다.

    재훈이 지금 부르지 마소
    재훈이 지금 똥 싸고 있다.
    응 그래
    이상하게 조용하더라
                              - 왜 불러

    할머니 엄마가 나를
    스무살까지만 키워 준데
    걱정마!
    할머니가 서른살까지 키워 줄께
    오십살까지 키워 주면 안돼
                          - 110살까지 살아야

    재훈이가 엄마차를 타고
    광안리 해변을 지나는데
    달님이 자꾸 나를 따라와요
    나한테 안기고 싶은가 봐
    우리 집까지 따라오면
    내가 안아줘야지
                                - 초승달

할머니 등 뒤에 붙어서서
할머니 좀 움직여봐
할머니가 움직이거나 일어서면
어부바가 되는데
어부바는 안된다는
엄마 아빠의 말을 거부할 수 없어
좀 움직여보라는
재훈이의 신의 한 수

— 움직여봐

23층에는 엄마 아빠
22층에는 할아버지 할머니
24층에는 외할머니
25층에는 큰 이모와 혜림이 이모
그렇게 살았으면 좋겠다.
할아버지도 같은 생각이야

— 바램

재훈이가
할머니 놀자
할머니 어저고 저쩌고
할머니 할머니 할머니
몇 초 간격으로 할머니
하루에 천 번쯤은 할머니

— 천 번쯤 할머니

할아버지는 옛날경찰
엄마 아빠는 지금 경찰
나는 커서 미래 경찰
할머니만 경찰 아니네

— 재훈이 생각

아무도 오지 않는 내 방에
그나마 찾아오는 손님은 손자뿐
심심찮게 찾아와서 안경도 만져보고
할아버지 사랑해 뽀뽀도 해주고
말타기하자 가위, 바위, 보, 하자
친구가 되어주는 손자가 너무 귀엽고
고맙기도 하다. 잠깐 사이에 할아버지라니 참

— 손자

〈잠깐 사이에 할아버지라니 참〉 아이들 크는 재미에 자신이 늙는 줄 모르는 것이 인생이다. 손자의 재롱을 보며 사는 재미 그보다 더 큰 재미가 있을까? 평생을 가족을 위해 살아 온 정석준 시인, 이젠 초로의 노인이 되어 바람만 건듯 불어도 눈물이 날 것만 같은 세월의 뒤안길에서 손자의 재롱을 보는 모습이 정말 멋진 모습이다.

재훈이

출생 사십 사 개월

십 오 년 후쯤에는

대학을 갈 것이다.

내가 그때까지

살는지는 미지수.

재훈이는 구구단을 외우고

한글로 문자를 보낸다.

외부 활동보다는

공부놀이가 적성에 맞는 듯

숫자 더하기 빼기

달력에 할머니 집 오는 날 계산

재훈이가 남다른 아이로 자라나니

언제까지 이 모습을 볼 건지

희미한 미래를 펼쳐보는 것

— 〈희미한 미래〉 전문

  44개월 어린아이가 구구단을 외우고 한글로 문자를 보내고 산수에 남다른 아이로 자라는 모습을 바라보며 흐뭇해하는 할아버지, 할머니의 모습에서 손자의 미래를 점쳐보기가 그리 어렵지 않다. 어릴 적부터 시를 쓰던 재훈이 아버지가 자라는 모습을 멀리서나마 바라본 필자의 생각에 시를 쓰는 재훈이 할아버지, 할머니의 영향을 받을 것이다.

재훈이가
할배 앞에서 포즈.
35년 전 지 아빠의 포즈다.
엄마 무릎 정도의 키에
엄마 손 꼭 붙들고
할아버지 사진 찍어 줘요.
그때 그 모습으로
내 앞에 서 있다.

- 〈35년을 되돌리다〉 전문

  35년의 시간을 거슬러 지금의 손자 모습에서 아들의 눈빛을 읽고 있는 정석준 시인의 감회의 깊이는 과연 어떠할까? 불면 날아갈까? 애지중지 키운 아들의 세월이 성큼 곁으로 다가와 〈엄마 손 꼭 붙들고/ 할아버지 사진 찍어 줘요〉 재롱을 부리는 손자, 눈에 넣어도 아프지 않을 것 같다. 〈그때 그 모습으로/내 앞에 서 있다.〉 35년 후에도 지금의 아들처럼 늠름한 손자이기를 바라는 마음 그게 바로 부모 마음 아닐까?

손자가 오면
집에 금방 온기가 돌고
왁자지껄 사람 사는 것 같은데
그러다 가고 나면

금방 적막강산이다.
— 〈적막강산〉 전문

　예전에는 온 집안 식구들이 서로 부대끼면서 왁자지껄 사람 사는 맛이 났는데 이제는 핵가족화 되어 하루 종일 있어도 사람 구경하기 어려운 시절이 되어 버렸다. 특히 노인들만 사는 집이 늘어 더욱 적막강산이다. 간혹 자식들이라도 찾아오면 온 집안에 온기가 돌고 생기가 난다. 앞으로는 가면 갈수록 이러한 현상이 더 심화할 것 같다.

재훈이가
두 눈을 반짝이며
할아버지 주름을 세고 있다.
조그만 손가락으로
하나, 둘, 셋, 넷, 아홉, 열
할아버지는 주름이
왜 이리 많아?
시간이 그렇게 만들었단다.
— 〈할아버지 주름〉 전문

　혹자는 얼굴의 주름을 삶의 훈장이라고들 한다. 70이 넘어서 쓴 시라 하기에는 정말 밝고 건강미가 넘친다. 그 주름을 세는 손자 재훈이의 반짝이는 호기심이 곁들여

져 시를 읽는 내내 미소를 짓게 만들어 주었다. 시간이 주름을 만들었다는 정석준 시인의 내면에 잠재한 주름을 걷어내고 사랑하는 손자와 오래도록 함께하기를 빌어 본다.

> 밤에는 서리가 내리지만
> 낮에는 맑고 따뜻한 햇살
> 유모차에 재훈이를 앉히고
> 추수끝난 시골길을 나서면
> 아무 소리 없는 삼매경
> 가끔 유모차 앞으로 가서
> 재훈이와 얘길하다가
> 다시 또 산책에 나선다.
> 재훈아 재훈아 정재훈
> 유모차를 밀며 이름을 부른다
> 가다가 섰다가 섰다가 가다가
> 붉은 기와 우리집이 보이고
> 재훈아 이제 다 왔다
> 가슴으로 껴안으면
> 따듯하고 편안한 기운을
> 재훈이가 주고 있다.
>
> — 〈유모차를 밀며〉전문

정 시인은 밀양에 산 적이 있다. 그 집을 필자도 가본

적이 있다. 붉은 기와에 목조 구조로 마당이 넓은 집이었다. 이 작품의 배경이 추수가 끝난 시골 풍경이다. 그 시골길에 손자를 유모차에 태우고 산책에 나선 정 시인의 모습이 목가적으로 그려지는 작품이다. 유모차는 손자는 앞을 보고 정 시인은 손자의 뒷모습을 봐야하는 구조이다보니 가다가 유모차를 세우고 앞으로 가서 마주보고 손자와 얘기를 하고 그리고 또 가다가 얘기하고 재훈이가 아주 어릴 때이기 때문에 얘길 해 봐야 혼자 말처럼 했을 것으로 짐작된다. 춥지 않느냐 배가 고프냐 등 이런 말들을 재훈이에게 했을 것이다. 집에 도착해서는 재훈이도 수고했다면 꼬옥 껴안는 그림이 그려지고 있다. 이 부분이 매우 인상적으로 남는 작품이다.

> 재훈아 윙크!
> 한 쪽 눈으로는 안 되고
> 두 눈 윙크가 귀여워
> 틈만 나면 재훈아! 윙크
> 그러다 어느날 재훈이가
> 감기로 인한 열이 올라
> 소아병원에 입원을 했다.
> 온 가족이 병원에 매달리고
> 조그만 손에 꽂힌 닝겔 바늘은
> 할아버지 마음을 아프게 했다.
> 그 와중에 재훈아 윙크!

재훈이는 윙크를 하지 않았고
고개를 옆으로 재쳤다.
아이고 큰일이다 싶었다.
의사 친구에게 전화를 하고
약간의 위로를 받았지만
불안감은 가시지 않았다.
뜬 눈으로 밤을 지새우고
다음날 재훈이는 윙크를 했다.
백년을 감수했다.

― 驚氣(경기) 전문

  정 시인은 이 사건을 계기로 집을 팔고 밀양에서 부산으로 거처를 옮겼다. 얼마나 놀랐을까 종종 술자리에서도 필자에게 이때 얘길 하곤 했다. 흔히들 아이들이 커 가는 과정에서 예사로 경기를 한다고 하지만 눈동자가 하얗게 돌아가고 온 몸을 가누지 못하는 손자의 모습을 본다는 것은 대단한 충격이 아닐 수 없다. 詩라고 적었지만 사실을 적은 작품이다. 더구나 코로나 시점이라 가족들의 병원 출입이 쉽지 않았고 의료진의 수급도 원만하지 못하여 여러모로 수난을 겪은 일들이었다. 아무쪼록 재훈이가 무탈하게 자라길 바라는 마음이다.